Le Dîner des dinosaures

POUR LA PRÉSENTE ÉDITION

Produit pour DK par WonderLab Group L.L.C
Jennifer Emmett, Erica Green, Kate Hale, *Fondatrices*

Éditrice Maya Myers; **Éditrice Photographies** Nicole DiMella; **Direction éditoriale** Rachel Houghton;
Graphisme Project Design Company; **Recherches** Michelle Harris; **Rédactrice en chef** Lori Merritt;
Index Connie Binder; **Traduction française** Stéphanie Lux; **Correctrice française** Sheila Malovany-Chevallier;
Experte sujet Dr. Naomi R. Caldwell; **Spécialiste lecture** Dr. Jennifer Albro

Première édition américaine 2024
Publié aux États-Unis par DK Publishing, une division de Penguin Random House LLC
1745 Broadway, 20th Floor, New York, NY 10019

Traduction française 2025 Dorling Kindersley Limited
25 26 27 10 9 8 7 6 5 4 3 2 1
005-349058-August/2025

Tous droits réservés.
Sans limiter les droits du copyright réservé ci-dessus, aucune partie de cette publication ne peut
être reproduite, stockée ou introduite dans un système de récupération des données, sous quelque forme
ou par quelque moyen que ce soit (électronique, mécanique, photocopie, enregistrement ou autre)
sans l'autorisation préalable écrite du détenteur du copyright.
Publié en Grande-Bretagne par Dorling Kindersley Limited

Le présent ouvrage est répertorié dans le catalogue de la Bibliothèque du Congrès.
HC ISBN : 978-0-5939-6821-5
PB ISBN : 978-0-5939-6820-8

Les livres DK sont disponibles à prix réduit lorsqu'ils sont achetés en gros à des fins promotionnelles, de remises
de prix, pour des collectes de fonds ou à des fins éducatives. Pour plus d'informations, veuillez contacter
DK Publishing Special Markets, 1745 Broadway, 20th Floor, New York, NY 10019
SpecialSales@dk.com

Imprimé et relié en Chine

La maison d'édition tient à remercier, pour leur aimable autorisation de reproduire leurs images :
h = haut ; c = centre ; b = bas ; g = gauche ; d = droite ; f = fond
123RF.com : leonello calvetti 6

Illustrations de couverture : *Couverture :* **Dorling Kindersley :** Jon Hughes bd;
Dreamstime.com : Anastasiya Aheyeva; **Getty Images / iStock :** JoeLena c

www.dk.com

Level 2

Le Dîner des dinosaures

Lee Davis

DK

Sommaire

6   Que mangeaient les dinosaures ?

8   Carnivores

18 Herbivores

30 Glossaire

31 Index

32 Quiz

Spinosaurus et Herrerasaurus

Que mangeaient les dinosaures ?

Les dinosaures ne mangeaient pas tous la même chose.

Carnivores
On appelle carnivores les dinosaures qui ne mangeaient que de la viande.

Styracosaure

Herbivores

On appelle herbivores les dinosaures qui ne mangeaient que des plantes.

Je mange des plantes.

Gallimimus

Je mange de la viande et des plantes.

Omnivores

On appelle omnivores les dinosaures qui mangeaient de la viande et des plantes.

Carnivores

Les dinosaures carnivores mangeaient des poissons, des insectes, des petits mammifères, des reptiles, et d'autres dinosaures.

Tyrannosaure

Taille : 37 pieds (12 m) de long

Caractéristiques : dents acérées pour déchirer la viande et broyer les os

Nourriture : grands dinosaures

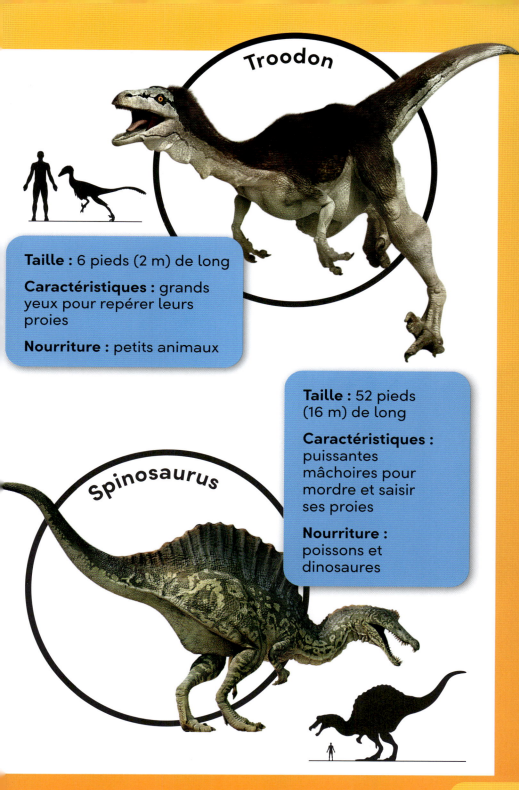

Troodon

Taille : 6 pieds (2 m) de long

Caractéristiques : grands yeux pour repérer leurs proies

Nourriture : petits animaux

Spinosaurus

Taille : 52 pieds (16 m) de long

Caractéristiques : puissantes mâchoires pour mordre et saisir ses proies

Nourriture : poissons et dinosaures

9

Je suis un dinosaure qui cherche son petit-déjeuner.

J'ai de grands yeux.

Je te vois partout où tu es.

Troodon

Je suis un dinosaure
prêt à déjeuner.

Herrerasaurus

Je cours vite sur mes pattes arrières.

Je peux t'attraper même si tu cours.

Je suis un dinosaure tout prêt à dîner.

Je suis bien plus grand que toi.

J'ai l'air effrayant – et je le suis !

Tyrannosaure

Nous avons des dents et des griffes acérées.

Nous sommes carnivores.

Nous mangeons d'autres dinosaures.

Tyrannosaure

Herrerasaurus

Spinosaurus

Herbivores

La plupart des dinosaures étaient herbivores.

Ils devaient faire attention aux carnivores qui voulaient les manger !

Barosaurus
Ce dinosaure aux mouvements lents se nourrissait de toutes sorte de plantes.

Edmontonia
La tête basse de ce dinosaure était pratique pour manger de l'herbe.

Platéosaure
Ce dinosaure se dressait sur ses pattes arrières pour manger des feuilles.

Brachiosaure
Ce « gentil géant » se servait de son long cou pour attraper les feuilles tout en haut des arbres.

Je suis un dinosaure qui ne mange que des plantes.

Je reste près de mes bébés pour les protéger des carnivores.

Maiasaura

Je leur ai construit un nid dans un monticule de terre.

Je leur apporte des feuilles et des baies à manger.

Nous sommes petits mais rapides.

Nous mangeons les plantes qui poussent au ras du sol.

Hypsilophodon

Nous vivons en troupeau.

Si l'un de nous repère un carnivore, nous nous carapatons sur nos pattes arrière.

J'ai l'air effrayant parce que je suis très grand.

Je dois manger d'énormes quantités de feuilles pour survivre.

J'utilise mon long cou pour attraper les feuilles tout en haut des arbres.

Barosaurus

Je vois le danger venir de très loin.

Je suis beaucoup plus grand que tous les carnivores.

Nous ne mangeons pas de viande, mais nous devons nous protéger des dinosaures qui en mangent !

Nous vivons en troupeau et nous protégeons les uns les autres lorsque les carnivores approchent.

Styracosaurus

Je me protège tout seul.

Les dents acérées ne peuvent rien contre mon armure.

Je bouge lentement, mais gare aux piques sur mes épaules.

Edmontonia

Glossaire

Barosaurus
Dinosaure herbivore.
Son nom veut dire « lézard lourd ».

Brachiosaure
Dinosaure herbivore.
Son nom veut dire « lézard à bras ».

Edmontonia
Dinosaure herbivore.
Son nom veut dire « qui vient d'Edmonton » (ville du Canada).

Gallimimus
Dinosaure omnivore.
Son nom veut dire « qui imite la poule ».

Herrerasaurus
Dinosaure carnivore.
Son nom vient de Victorino Herrera, qui l'a découvert.

Hypsilophodon
Dinosaure herbivore.
Son nom veut dire « dent en crête immense ».

Maiasaura
Dinosaure herbivore.
Son nom veut dire « petite mère lézard ».

Platéosaure
Dinosaure herbivore.
Son nom veut dire « lézard plat ».

Spinosaurus
Dinosaure carnivore.
Son nom veut dire « lézard à épines ».

Styracosaurus
Dinosaure herbivore.
Son nom veut dire « lézard à pointes de lance ».

Troodon
Dinosaure carnivore.
Son nom veut dire « dent blessante ».

Tyrannosaure
Dinosaure carnivore.
Son nom veut dire « lézard tyran ».

Index

armure 28
Barosaurus 18, 24-25
bébés dinosaures 20-21
Brachiosaure 19
carnivores 6-17, 18, 20, 23, 25, 26
dents 8, 16, 28
Edmontonia 18, 28
Gallimimus 7
griffes 16
herbivores 7, 18-29

Herrerasaurus 12-13, 17
Hypsilophodon 22-23
Maiasaura 20-21
nid 21
omnivores 7
pattes 13, 19, 23
piques 28
Platéosaure 19
Spinosaure 9, 17
Styracosaurus 7, 26-27

Troodon 9, 10
troupeau 23, 26
Tyrannosaure 6, 8, 14-15, 16
yeux 9, 10

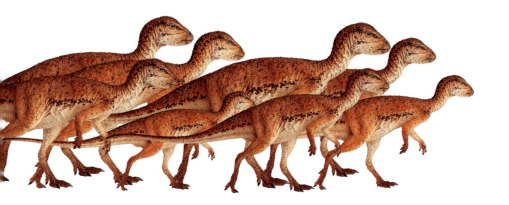

31

Quiz

Réponds aux questions pour voir ce que tu as appris. Puis regarde les réponses en bas de page.

Quel dinosaure suis-je ?

1. Je vis dans un grand troupeau qui me protège des carnivores.
2. Je cours très vite. J'utilise mes griffes acérées pour chasser mes proies.
3. J'utilise mes dents acérées pour déchirer la chair et broyer les os d'autres grands dinosaures.
4. Je bouge lentement et mange toutes sorte de plantes.
5. Je mange à la fois des plantes et des animaux.

1. Styracosaurus 2. Herrerasaurus. 3. Tyrannosaure
4. Barosaurus 5. Gallimimus